SONAN SILUÉ

Conscience en actes

AF549115

SONAN SILUÉ

Conscience en actes

Éditions Muse

Imprint

Any brand names and product names mentioned in this book are subject to trademark, brand or patent protection and are trademarks or registered trademarks of their respective holders. The use of brand names, product names, common names, trade names, product descriptions etc. even without a particular marking in this work is in no way to be construed to mean that such names may be regarded as unrestricted in respect of trademark and brand protection legislation and could thus be used by anyone.

Cover image: www.ingimage.com

Publisher:
Éditions Muse
is a trademark of
Dodo Books Indian Ocean Ltd. and OmniScriptum S.R.L publishing group

120 High Road, East Finchley, London, N2 9ED, United Kingdom
Str. Armeneasca 28/1, office 1, Chisinau MD-2012, Republic of Moldova, Europe
Printed at: see last page
ISBN: 978-620-4-96343-3

Copyright © SONAN SILUÉ
Copyright © 2023 Dodo Books Indian Ocean Ltd. and OmniScriptum S.R.L publishing group

Avant-Propos

Une conscience aliénée qui n'est pas consciente de son aliénation ne connaîtra jamais le chemin de la désaliénation.

SONAN SILUÉ

L'être et la réussite

Lorsque ce qui nous lie devient plus fort que ce qui nous sépare, la marche collective emprunte les allures d'un sacerdoce et favorise la liquidation des individualités. Africains noirs sommes-nous, Africains noirs nous serons.

Si Dieu t'a fait venir en ce monde noir, c'est justement parce que tu as un rôle essentiel à jouer dans le système vital du Nègre.

Aujourd'hui plus qu'hier et mieux demain qu'aujourd'hui, tu es appelé à gagner en expérience. Que ce jour soit non pas un moment de jubilation mais de recueillement, d'introspection, de réflexion réelle et sincère entre toi et toi-même ; dans l'unique but d'améliorer ton être, ton faire afin que les énoncés d'état soient transformés positivement vers l'objet-valeur : la réussite.

Que ta réussite ne soit pas seulement ta réussite. Que ta réussite soit la réussite de ta famille, de ton entourage, de la Côte d'Ivoire, de l'Afrique et du monde.

Réussir n'est pas se suffire. C'est être à même de venir en aide aux autres.

Tu réussiras, sois béni éternellement dans la paix et la prospérité.

Fiction et liberté

La fiction littéraire trace le chemin, la réalité sociétale l'emprunte. La fiction avance à la vitesse de la lumière, mais la réalité finit toujours par prendre les allures présentées par cette fiction. C'est une fatalité. Et vouloir dissocier fiction et réalité, c'est prouver au monde entier qu'on fait preuve d'ignorance. Autant dire que ce que la science-fiction donne à voir n'est qu'une prophétie. Elle s'accomplit généralement, presque toujours.

C'est en Afrique que la littérature est perçue comme secondaire, voire insignifiante. L'Europe et l'Amérique savent que celle-ci est le vecteur directeur du monde, elle agit sur l'esprit.

Quand on ne lit pas suffisamment, on réfléchit moins. Quand on réfléchit moins, on s'amuse beaucoup. Quand on s'amuse beaucoup, on dépend de ceux qui travaillent. Quand on dépend de ceux qui travaillent, on ne peut rien décider. Quand on ne peut rien décider, on ne peut pas s'assumer. Quand on ne peut pas s'assumer, on tend toujours la main. Quand on tend toujours la main, on demeure une charge pour l'humanité. Quand on est une charge pour l'humanité, on n'est plus un être qui compte mais un objet parfois gênant qui doit essuyer toutes les humiliations et rester muet !

Fête et gabegie

Va gaspiller ta petite économie les 24 et 31 décembre ; puis reviens prendre un prêt chez x ou chez y.

Va distribuer des billets de banque en boîte de nuit pour faire plaisir aux filles ; puis reviens dormir dans la maison des gens en location.

Laisse ton avenir mourir dans une paire de fesses aujourd'hui ; puis va accuser Dieu demain.

Achète des vêtements chers aujourd'hui afin de mieux vivre au-dessus de tes moyens ; puis va porter des haillons demain pour le reste de ta vie.

Va danser dans les maquis pendant que tes semblables réfléchissent et travaillent pour améliorer leur futur.

Perds ton temps sur les femmes dans les hôtels pendant que les gens de ton âge sont en train d'investir partout pour fructifier leur argent.

La vie est un choix, et chaque choix a des conséquences précises et implacables.

Nous sommes le résultat de nos pensées, de nos paroles et de nos actes de tous les jours.

Réussite et constance dans la conduite

Ceux qui pensent que réussir met à l'abri de tous les problèmes se trompent.

Ceux qui pensent que l'argent peut tout faire se trompent.

Ceux qui s'éloignent de leurs amis parce qu'ils ont réussi comprendront que la réussite ne couvre pas la place des amis. Rien ne saurait remplacer l'homme quand il est bon et bien.

Ceux qui par leurs actes mettent les autres dans les problèmes et prennent la poudre d'escampette seront remerciés par un châtiment divin à la hauteur de leurs actes nocifs.

Ceux qui aident sans rien attendre seront heureux non pas forcément grâce aux aidés mais par d'autres personnes. Dieu rend toujours ce qu'on fait aux autres.

La vie, c'est un passage… Nous sommes venus ici pour passer, pour mourir ; nous ne sommes pas venus pour vivre…

L’être et l’autre être

Chaque seconde qui passe m’éloigne un peu plus de la vie ; chaque temps qui coule me prive de la chaleur humaine. Dans mes errances perpétuelles en quête d’un bonheur illusoire, dont la plus tragique couleur réside dans la finitude effarante du plaisir insensé, j’ai finalement compris qu’aucun bonheur ne vaut la joie de vivre auprès des êtres les plus chers ; et que l’intime conviction qui nous rattache au’’ Galant Céleste’’ ne saurait nous départir de tous ces êtres si magnanimes qui nous aident à devenir nous-mêmes. Je me suis promené çà et là, dans les coins et recoins de la Nature, j’ai réalisé après que je ne cherchais que moi-même. Et que la meilleure façon de me re-trouver, c’était d’accepter l’autre dans sa différence. Je suis un nomade, un errant, un passager, je ne cherche pas à nuire mais à procurer le sourire ; je ne veux pas ruiner mais construire. Que j’aime l’Humain, que j’aime Dieu, que je n’aime que l’humanité et ses avatars.

Reconnaissance aux morts

Il est des fois où la mort fauche ceux qui vous coûtent chers, où la maladie terrasse ceux qui vous soutiennent ; vous privant ainsi de vos ailes. Mais la vie sans la mort ni la maladie n'est pas une vie de guerrier. Le guerrier, c'est celui qui a un mental d'acier, celui qui malgré les difficultés qui défient les limites de la mesure arrive à continuer le chemin pour espérer atteindre le pinacle d'une vie de Crésus. Pour rendre heureux ceux qui sont partis, il faut être en mesure de rendre heureux ceux qui comptaient sur ceux qui sont partis.

Ivoirité et responsabilité

Ô Ivoirien, mon beau Peuple ! Qu'as-tu fait de toi-même ? Que t'arrive-t-il ?

Pourquoi es-tu si négligent ? Ne sais-tu pas que la négligence est l'ami des grands malheurs ?

Fais attention, réveille-toi !

Si tu ne te réveille pas, ton somme fera ta tombe !

N'as-tu pas honte de toi-même ? De ta condition ?

Ne l'oublie pas : tu as promis à l'Humanité d'être un modèle de l'Espérance !

Tu as échoué une fois, il est vrai ; mais mieux vaut tard que jamais…

Toute victoire sans échec est une victoire éphémère…

Viens, relève-toi, viens que je te montre la voie, car tu dois être un modèle !

Devenu un modèle de l'Esperance, tu ne seras plus Ivoirien, tu seras désormais : SurIvoirien !

S’offrir au plus offrant ou devenir SurIvoirien ?

Si ton futur t’a été volé depuis ton passé, comment ton présent acceptera-t-il de te sourire ? Tu as cru en ce qu’on t’a dit en ignorant que ce qu’on t’a dit pouvait compromettre l’épanouissement de ton futur. Si tu crois à ta propre incapacité congénitale à faire ce qui peut et doit te sauver, quand tu acceptes de croire que ton existence dépend de la ‘’générosité’’ des autres, l’enfer que tu fuis tant finira par t’attendre à tous les carrefours. C’est une erreur monumentale de penser que tu peux vivre heureux en confiant ta vie à l’autre. Arrête de croire que l’aide des autres peuples notamment ceux d’Europe et principalement de la France est une aide humanitaire, une générosité à relent philanthropique. N’oublie jamais ceci : qui demande se subordonne, tout don suppose abandon et qui donne ordonne. Or qui ordonne peut affamer pour mieux manipuler, pour maintenir le nécessiteux dans la dépendance perpétuelle. Tant que tu n’apprends pas à marcher sans les béquilles des autres, tu seras toujours handicapé. Arrête d’être un homme qui s’offre au plus offrant et de faire de ton pays une cantine de mendicité. Que ce soit clair une bonne fois pour toutes, à l’heure actuelle les prières inutiles, les pleurs infantiles ne servent à rien sans action véritable. La prière et la foi sans action et courage sont inefficaces. La prière et la foi adossées au courage et à l’action donnent naissance à la chance. Seuls les courageux sont chanceux, car c’est le courage des uns que les autres appellent chance !

Si l’on naît Homme, on devient Humain ! Mais ne devient pas Humain qui veut, mais qui peut ! Ivoirien, tu es toujours Homme, tu n’es pas encore Humain ! Pour devenir SurIvoirien, il faut être Humain. Vas-tu accepter de mourir Homme ? Etre Humain et donc SurIvoirien, c’est assumer son existence en comptant sur tes propres moyens, c’est considérer l’autre comme ton égal et non comme ton supérieur. Etre Humain, c’est vivre dans la liberté tant politique, économique, sociale que culturelle. C'est pourquoi, la liberté est un idéal auquel tu dois aspirer si tu es digne. Toutefois, la marche vers cet idéal est un sacerdoce qui nécessite la fourniture d'efforts colossaux. Ivoirien, tant que tu ne marches pas vers cet idéal, tu vas toujours être à la traine. Et les trainards méritent d'être battus. Etre libre de tes mouvements ne signifie pas que tu es en liberté. Alors, si tu aspires véritablement à la préservation de ta dignité, de la dignité et du futur de tes enfants, aie de la volonté de puissance, la confiance en toi-même et encourage la vraie éducation ! Sache que l'éducation est culturelle. Par conséquent, ton système éducatif doit être articulé autour des réalités de ton pays, en fonction de tes besoins, de ta société et du type de citoyen que tu veux avoir. Fais en sorte que ton école transforme tes enfers en paradis. Retiens que l'école est une drogue dont la consommation ouvre les yeux de l'esprit ; les yeux de l'esprit appellent à la réflexion à travers ce qu'ils voient ; la réflexion donne naissance à l'idée ; l'idée permet de guider la société. Pour ce faire, que ton peuple soit unis et fort. Un peuple unis devient toujours un peuple fort, dira le philosophe africanologue Samba Diakité. Et un peuple unis et fort exige de son dirigeant de la transparence dans la gestion des affaires populaires. La transparence appelle le mérite et la promotion du mérite engendre la compétence ; la compétence attise le feu du développement. Mais le développement est d'abord et avant tout un état d'esprit ! Pourtant ton esprit souffre, ta mentalité est encore annexée et complexée. Il suffit que j'observe ton quotidien pour le savoir. Tes sœurs pensent que c'est en s'apparentant aux blanches qu'elles sont véritablement femmes. D'où la dépigmentation, le port des cheveux artificiels, des sourcils artificiels, l'imitation servile du style de la femme occidentale. Les médias européens bombardent tellement ton subconscient que tu penses que l'Occident rime avec Eldorado, paradis ou bonheur. Résultat : c'est la ruée vers l'Europe à travers l'immigration illégale. Ton pays se vide. Il n'y a pas de développement sans confiance en soi, sans esprit de sérieux, sans conviction. Pour un véritable développement, il te faut une décolonisation spirituelle et mentale.

Fouetter l'orgueil de l'Ivoirien

Williams Shakespeare : « Le feu caché dans le caillou ne se montre que lorsqu'il est frappé. » Timon d'Athènes

Ah, que ces dirigeants de Côte d'Ivoire sont dérangeants !

Ô dirigeants ivoiriens, vous êtes méchants ! Méfiez-vous car l'Histoire est têtue ! Lorsque vous agissez mal, l'Histoire prend son tabouret, son cahier et son stylo, s'assoit et prend note. Quand allez-vous écouter vos sages, vos philosophes ? N'entendez-vous pas les pleurs de votre peuple ? Pourquoi aimez-vous toujours dribler votre peuple ; vous n'êtes jamais là où le peuple vous attend, vous ne l'avez jamais réellement aidé. Vous n'avez jamais tenu compte de la voix du Philosophe, voici que la voie de l'enfer continue de s'ouvrir à toute la Côte d'Ivoire ! Quand celui qui voit ne voit pas seulement avec les yeux ordinaires, il faut toujours écouter sa voix qui assurément montre la voie. Lorsque la voix qui montre la voie n'est pas écoutée, on s'enfonce dans les profondeurs abyssales du précipice ! Un roi qui écoute son peuple et tient compte des conseils des sages se trompe difficilement, et ses décisions sont assez raisonnables. Mais un roi qui se fout de l'oracle, qui se moque du philosophe, qui piétine son peuple entraine avec lui tout le peuple et avec le peuple tout le royaume dans une nuit chaotique. Ecouter n'est pas difficile. En revanche, un roi imbu de sa personne peut-il vraiment écouter ? Quand un roi pense être omniscient au nom de son orgueil, pour le plaisir de son égo, il finit par creuser l'hécatombe ! Donc, pour éviter la tombe au nom des avantages du berceau, il faut lire les signes du Temps ; le Temps qui connaît les vivants et les morts, qui a vu les morts vivre et qui sait quand les vivants mourront. Cependant, pour lire les signes du Temps, il faut entendre et comprendre la voix du Temps. Pour comprendre la voix du Temps qui montre la voie du paradis, il faut recourir au Philosophe, au Sage ! Le Sage n'est pas forcément le plus âgé car la vieillesse n'est pas synonyme de sagesse. La sagesse s'acquiert dans l'action, dira Samba Diakité. Le Sage est donc le plus expérimenté, celui qui a vu plusieurs évènements se dérouler. Apprenez donc à lire les signes du Temps ! Un dirigeant qui ne sait pas lire les signes du Temps achète sa propre Tombe croyant renouveler son Berceau.

Vous faites trop souffrir la Côte d'Ivoire ! A défaut d'avoir honte, ayez pitié du peuple. A défaut d'avoir pitié du peuple, ayez peur de Dieu, je vous en conjure. L'homme passe et le Pouvoir demeure. Le Pouvoir qui vous donne du Pouvoir ne vous appartient pas éternellement, vous ne l'avez que pour un temps. Faites-en bon usage, car Seul le Pouvoir divin est éternel. Quand le Pouvoir d'un dirigeant est supérieur à ses compétences légitimes, celui-ci gouverne avec arrogance, mépris et autocratie. Le peuple ivoirien a toujours cru en vous, mais vous avez abusé de sa confiance. Vos conflits titanomachiques et gigantomachies affaiblissent ce beau peuple ! Quand le contrat de confiance se rompt entre peuple et dirigeant, l'Etat devient aux yeux du peuple un Etat voyou. Cela fait plus de cinquante ans que la Côte d'Ivoire est ''indépendante'' ! En cinquante ans donc, avec tous les efforts du peuple et malgré toutes ces richesses, vous avez été incapables de faire de la Côte d'Ivoire un Eldorado. Stalinisme politique, Nazisme économique et Machiavélisme militaire, tels sont quelques maux parmi tant d'autres que vous avez injectés dans votre pays. La matérialité de cette politique honteuse et hostile à l'épanouissement de la condition humaine est à observer dans le climat qui caractérise l'olympe politique. Vous n'avez que divisé le peuple ivoirien pour mieux régner et profiter pour construire à l'abri de tout regard indiscret des fortunes colossales qui se trouvent dans les paradis fiscaux. Vous avez créé des prétendus partis politiques qui fonctionnent non pas au grand bonheur de l'Ivoirien mais comme des syndicats d'ethnies. Ainsi, le PDCI fait penser aux Akan, le FPI aux Krou et certains peuples du Sud, le RDR aux Nordistes. Pire encore, vous avez fait couler le pays sur le plan éducatif. De 1960 à 2020, l'on n'a que six universités publiques opérationnelles. Les étudiants sont mal formés, mal logés, mal nourris. A peine si nos élèves du secondaire arrivent à lire correctement. Aujourd'hui, on parle de recherches scientifiques, de la scientificité de l'esprit ivoirien. Et cela doit commencer dans nos écoles maternelles. Hélas, vous n'avez que faire de votre jeunesse, allégorie de l'avenir. Pendant que vos enfants sont dans les meilleures écoles du monde, les enfants du peuple et du bas-peuple sont sacrifiés. Pour savoir que l'éducation, la formation et l'initiation à la recherche scientifique ne sont pas la priorité des dirigeants ivoiriens, il suffit juste de regarder les conditions dans lesquelles les formateurs sont formés, dans lesquelles les enseignants vivent et travaillent. Les enseignants, les chercheurs et enseignants-chercheurs ivoiriens ont la volonté de faire et font des sacrifices pour la Côte d'Ivoire. Mais vous, vous ne songez qu'à les offrir en sacrifice pour le bonheur de vos intérêts. Ceux qui réfléchissent pour faire avancer la Côte d'Ivoire sont abandonnés. Et paradoxalement, ceux qui s'adonnent à des divertissements inutiles, immoraux et vicieux sont encouragés et même financés. Le système sanitaire ? N'en parlons même pas ! Nos hôpitaux sont délaissés, négligés. Tout y manque, tout ! Nos hôpitaux sont à vrai dire des mouroirs, des endroits monstrueux où viennent s'enterrer malgré elles des vies innocentes. Cela ne vous dit absolument rien dans l'exacte mesure où vous vous faites soigner ailleurs ! Vous affamés le peuple ivoirien, les produits de premières nécessités sont à prix d'or, pourtant le cacao, le café, le coton, l'hévéa, l'anacarde sont achetés à vil prix ! C'est à croire qu'être pauvre dans ce pays est un péché, être ''planteur'' est une malédiction artificielle parce que su et voulu par la classe dirigeante : cette bourgeoisie noire appelée par ignorance dirigeants ! Vous grossissez de la maigreur du peuple, vous vous enrichissez de sa pauvreté. Votre égoïsme, votre cupidité sont entrain de consumer votre peuple. Un dirigeant égoïste et cupide met toujours son peuple en danger. Il est prêt à le vendre, à tirer profit de son malheur. La jeunesse est tellement déçue de votre façon de diriger, elle est tellement désespérée qu'elle part chaque jour mettre sa vie en péril en mer méditerranée et aux larges des côtes de Lampedusa. Quel avenir réservez-vous à ce peuple ? Mais comment pouvons-nous avoir affaire à des citoyens compétents, efficaces, disciplinés et dynamiques quand les recrutements aux concours s'articulent autour de la corruption ? Ainsi va cette Côte d'Ivoire qui chaque jour meurt un peu plus, par votre faute !

Entre vertu et vice, l'Ivoirien doit choisir !

François de la Rochefoucauld : Dans le monde d'aujourd'hui, « on plaît plus par nos défauts que par nos qualités », Maximes

Ce pays est-il vraiment sérieux ?

Nos inventeurs sont royalement ignorés, nos chercheurs qui trouvent sont méprisés, nos élèves brillants sont ignorés, nos étudiants compétents sont rejetés ! On préfère encourager ces délinquants langagiers, ces jeunes et adultes qui ne triomphent que par la bêtise. Il suffit de prononcer des phrases tristement célèbres comme « y'a savon dans mon oreille » ; « Patiiii, ti pé pas siporté » ou encore « amonan, c'est cuuuuuuuu ! » pour devenir une icône d'envergure exceptionnelle ! C'est bien dommage qu'on arrive là. C'est triste de constater que les incompétents sont ceux qui travaillent et les compétents, ceux qui chôment. Sinon tout pays ambitieux et épris de développement exige de lui-même du sérieux et n'encourage que la compétence. Tant que le mérite ne fera travailler que très rarement, nous n'assisterons qu'aux bêtises, au « n'importe-quoisme » (Samba Diakité).

L'homme est enclin à imiter. En effet, on fait rarement ce qu'on n'a jamais vu, on fait généralement ce qu'on a l'habitude de voir. Sinon, à force de voir ce qu'on n'aime pas, on finit par haïr ce qu'on aime. On ne naît pas corrompu ou incompétent, on le devient. Tant que l'incompétence sera saluée et encouragée parce qu'on veut faire travailler ses enfants, les membres de sa famille, les parents de sa région ou parce qu'on veut s'enrichir par tous les moyens ; la Côte d'Ivoire sera toujours à la traîne et nos citoyens ne voudront jamais compter sur leur intellect ou compétence, mais sur la corruption. Aujourd'hui, dans le subconscient de la plupart des jeunes et des populations, nul ne pourrait être admis à un concours en Côte d'Ivoire en comptant seulement sur son intellect. C'est ainsi que certains, même compétents, refusent radicalement de passer des concours tant qu'ils ne mobilisent pas une somme colossale pour pouvoir chercher un « tuyau

». Ce n'est pas la compétence qui fait défaut aux citoyens de notre si jeune Etat, c'est la pourriture du système qui engendre tout ce malheur.

La réussite scolaire et réussite sexuelle

Il n'est pas faux, encore moins mauvais de reconnaître que le mercantilisme sexuel à ciel ouvert a fait de certaines femmes et filles des personnes riches et célèbres partout dans le monde. Cela dit, comment voulons-nous que nos jeunes sœurs se concentrent sur les études qui ne garantissent rien à l'horizon, alors qu'il existe des raccourcis qui consistent à écarter promptement les jambes afin de garnir les comptes bancaires ? Comment faire comprendre à une fille que l'école rend célèbre et riche quand elle sait déjà que certaines stars n'ont jamais franchi le seuil du CEPE et qui, grâce à un concours fallacieux de Miss Monde, sont aujourd'hui plus riches que des professeurs agrégés ?

La plupart des plus belles filles ne vont pas à l'école pour étudier mais pour étaler sur un plateau d'or leur beauté qu'elles sont prêtes à offrir aux plus offrants, déjà que certaines l'ont fait et sont aujourd'hui au faîte de la gloire sociale et donc parmi les étoiles les plus cotées.

Qui n'aime pas pratiquer le sport sexuel ? Qui n'aime pas les formes féminines les plus sophistiquées ? Qui n'aime pas les poitrines bien garnies ? Qui n'aime pas les postérieurs mous dont les balances mutuelles de gauche à droit enclenchent des vibrations de l'engin opératoire ?

Certaines femmes ont démocratisé le sexe pour se faire de l'argent, pour se faire une place sous le soleil et la lune... Et ça réussit tellement bien, que bien plus que le soleil et la lune, elles sont devenues des Étoiles !

Prenons ça comme ça et avançons sans trop parler... Mais, l'école commence à être secondaire hein... Ça ne garantit rien à l'horizon oh... Des Docteurs qui chôment !? Sacrilège !

La vertu de la richesse

L'Homme, dans sa quête perpétuelle du bien-être, s'est égaré dans les profondeurs abyssales de tout ce qui rime avec vice et perversité. Le bien-être et le bonheur sont un état d'esprit. On ne peut pas être heureux lorsque nos actes ne sont pas associés à la vertu. Cependant, l'humanité continue à croire que le bonheur réside dans la puissance et la richesse. La richesse et la puissance confèrent le pouvoir et non le bonheur. Peut-on être heureux seul ? Si nous rions dans la richesse alors que nos semblables pleurent dans la misère, ce n'est pas le bonheur mais du sadisme, du cynisme. Grossir de la maigreur de l'autre ou faire dépendre sa richesse de la pauvreté de l'autre, c'est semer les graines de l'humanicide. Nos actes inhumains ont modifié l'orientation de l'humanité, ont tué l'amour des uns pour les autres, ont transformé les relations humaines en rapports d'argent, ont favorisé l'amour des hommes pour les choses et la chosification de l'être humain. Le grand frère Hermann André Zibole ne disait-il pas que c'est par l'homme que l'homme disparaîtra ?

L'Histoire suit son cours…

Motivation

Si la meilleure façon de compter sur l'autre est de ne rien attendre de lui, la meilleure façon de compter sur Dieu consiste à travailler. N'en voulez à personne, chaque humain a des problèmes à résoudre jusqu'à la fin de sa vie. Ne jugez pas, comprenez ! Mieux vaut chercher à comprendre que juger. Pour comprendre la réaction d'une personne, attends de te trouver dans une situation identique que cette dernière. L'orgueil, l'égoïsme, l'hypocrisie, la jalousie, la calomnie ne doivent pas faire partie de votre agenda comportemental. Ne faites jamais du mal à un humain, vivez utilement ! Le monde est un village provisoire.

Pauvreté et insécurité

La misère et la pauvreté sont des maladies sociales créées et entretenues par les plus forts pour dominer les plus faibles. Aujourd'hui, l'argent étant devenu une partie de l'être humain, son manque provoque des réactions vraiment fâcheuses et incontrôlables : vol, viol, prostitution, guerre, crise... Ce qui frustre encore plus, c'est que les plus riches se comportent comme si les plus pauvres sont nuisibles. Donc, ils créent leurs quartiers, leurs cercles, leurs écoles, leur monde à eux, un monde séparé de celui des désargentés par une frontière métaphorique. Quand le corps n'arrive plus à résister à la pression de la pauvreté ou de la misère, soit il s'offre au plus offrant, soit il s'adonne aux pratiques immorales. On ne peut jamais éradiquer la souffrance, disait Hugo, mais on peut résorber la misère. Si l'humanité était humaine, elle allait protéger l'être humain. [...] Il est vrai que qui donne ordonne, mais quelquefois, qui ordonne désordonne. Et le désordre provoque des situations incontrôlables.

Cette tueuse silencieuse

Pour l'une des rares fois dans l'histoire humaine, les armes ne font pas du bruit pendant la guerre. Mais, les âmes disparaissent des corps et les tombes abondent, les cases se vident, le nombre d'orphelins se multiplient. Le monde même s'est immobilisé et l'Homme qui se dit ''roseau pensant''(Pascal) et être supérieur se retrouve confiné entre quatre murs.

Les soignants sont contaminés par les soignés, gouvernants et gouvernés ont le même sort, les barrières sociales, politiques, économiques et raciales s'effondrent...

L'humanité entière contre un seul ennemi commun : le COVID-19.

Dans cette histoire tragique cependant, les êtres qu'on traite d'animaux domestiques et sauvages sont bizarrement épargnés. Je les imagine en train de se moquer de nous...

Qui aurait cru ? Nous sommes en cage comme dans un Zoo et ce sont les animaux qui viennent faire du tourisme en nous regardant avec mépris et curiosité...

Ce virus, il est clair, va, après son passage, modifier la géopolitique, la géo-économie...

Dieu nous assiste !

Ensemble, nous sommes forts et nous vaincrons...

L'Ivoirien doit saisir cette chance...

Entre traumatisme et quête de la vérité, le peuple ivoirien se perd davantage. Il gagnerait à se ressaisir et à suivre la boussole de son destin dans la patience, la sérénité et la conviction. La violence ne résout rien, sinon la guerre allait mieux construire le monde. Il faut toujours savoir raison garder et agir ou réagir dans les règles de l'art. Je le dis toujours, ce qui n'est pas destiné à tuer un peuple l'évitera toujours. Le peuple de Côte d'Ivoire est béni et rien ne lui arrivera tant que cela n'est pas préétabli par Dieu. Nous sommes à l'ère de la technologie et du numérique, rien ne saurait se faire dans l'obscurité. Les ténèbres ne sont plus à l'abri de la foudre divine. Peuple de Côte d'Ivoire, ne te fie pas aux fausses informations. Reste concentré sur l'essentiel, dans la prière et les bonnes actions.

Dieu bénisse le peuple de Côte d'Ivoire et ses voisins.

Quand la vérité conduit à la mort

Parce que le monde campe ses griffes sur le faux, quiconque essaie de mener son existence avec pour crédo l'honnêteté, la vérité, la stigmatisation du faux risque de conduire sa vie dans les dédales abyssaux du précipice. Est-il besoin de rappeler les cas Sankara, Lumumba, Sylvanus Olympio, Amílcar Cabral, Peter Toch, Philippe Lucky Dube ?

L'Histoire de l'humanité est faite, peinte et écrite par et de Sang humain, mais de sang d'innocentes personnes résolument engagées pour la cause des plus faibles.

C'est bien Laurent Bado qui dit que le malheur de ce siècle vient moins de l'action des méchants que du silence des justes, lui qui a remarqué de fort belle manière que les plus faibles ne facilitent pas la tâche à ceux qui font feu de tout bois pour les aider. Pourtant, aucun paradis ne se construit sans effort. Les plus belles villas, les ports et aéroports les plus reluisants sont bâtis parfois dans la sueur et dans le sang. Seuls les sacrifices ultimes ouvrent royalement la voie menant à l'Odyssée du bonheur tout court. Le silence et l'inaction des innocents aiguisent le désir des coupables à construire des mouroirs à partir desquels ils jouissent de la mort des pauvres.

Le jour où le misérable saura que c'est de sa misère que le riche tire son opulence, l'humanité commencera à prendre une autre tournure…

Chaque Homme est composé d'Éros et de Thanatos, on a tous la guerre dans le sang et la paix dans la conscience.

Réveille-toi Brother, Sister…

Côte d'Ivoire, un pays amnésique ?

En Côte d'Ivoire, il semble que l'on refuse de tenir compte des leçons du passé. Or, quand L'Histoire ne sert pas, elle se répète. Comment voulons-nous bâtir un futur radieux pour nos enfants si nous-mêmes, nous nous comportons comme des idiots ? J'ai l'impression que dans ce pays, la vie des partis politiques est plus importante que la survie des populations. Pensez-vous que si nos ancêtres pensaient à leur ventre, nous allions trouver toutes ces potentialités ? La Côte d'Ivoire est notre héritage commun, elle n'appartient pas à une seule personne mais à tous les Ivoiriens : à ceux qui sont morts, à ceux qui vivent et à ceux qui viendront plus tard. Nous avons le devoir de transmettre intact ce pays aux générations futures, à défaut de l'améliorer.

N'avons-nous pas remarqué que chez nous ici les générations se multiplient mais ne se succèdent pas ?

Nous souffrons de tout et nous manquons de tout, pourtant nous avons tout !

Les jeunes que nous sommes n'avons jamais obtenu la place qu'il nous faut, comme si la jeunesse est synonyme d'immaturité ; comme si la vieillesse est synonyme de sagesse.

Ce dont la Côte d'Ivoire a besoin, c'est un peuple conscient et prompt à agir pour l'intérêt supérieur du pays.

Après plus de 50 ans d'indépendance, nous voilà dans une situation perplexe, en quête de boussole existentielle : Passé douloureux (colonisation), premières heures d'indépendance heureuses (miracle ivoirien), présent difficile, futur inquiétant.

Mais décidément, cela ne dit rien aux uns et aux autres. Toujours dans les violences verbales quand ce ne sont pas physiques. Certains même préfèrent sacrifier l'avenir de leurs enfants, de leur famille, de leur pays sur l'autel des intérêts quasiment égoïstes.

Plus nous nous faisons la guerre, mieux les autres en profitent...

Nous sommes au 21e siècle et c'est ahurissant de voir que des gens âgés, plusieurs fois victimes de certaines calamités, se laissent encore manipuler par des hommes politiques avides de pouvoir.

Ni le PDCI, ni le FPI, ni le RHDP, ni les Pro-Soro ne sont plus importants que l'intérêt de la Côte d' Ivoire. À un moment donné, il faut savoir et pouvoir arrêter les bêtises et faire avancer le pays.

C'est parce que l'on n'a pas retenu l'histoire de 2002 que celle de 2010 est arrivée. Au regard des comportements des uns et des autres, apparemment, aucune leçon n'a été tirée de 2010.

Réfléchissons un peu, ne fléchissons pas dans la bêtise...

De toute façon, L'Histoire nous regarde. L'Histoire est très têtue, disait Paul Kagame. Dès que se passe quelque chose, L'Histoire prend son tabouret, vient s'asseoir pour prendre note...

Le monde entier nous regarde, la réconciliation s'impose à tous. La réconciliation, la paix, ce n'est pas un choix mais une obligation. Sans paix, il n'y aura jamais de développement, jamais d'émergence...

Que chacun agisse dans l'intérêt de ce beau pays, pour que le vrai développement avec la participation de tous les Ivoiriens soit enclenché. L'exclusion ne sert à rien, la vie est un passage. Nul n'est inamovible.

J'aime mon beau pays, la Côte d'Ivoire...

Jeunesse ivoirienne et responsabilité

Le rôle de la jeunesse dans le contexte actuel de la Côte d'Ivoire est de tenir des discours de nature à apaiser les cœurs, à calmer le jeu, à gérer les tensions. Une jeunesse consciente et responsable est celle qui met au dessus de tout l'intérêt supérieur du pays. Les querelles politiques d'accord, mais l'intérêt de la nation d'abord. Ce qui compte, ce n'est pas la survie d'un parti politique au pouvoir ou l'arrivée d'un autre parti au pouvoir mais la vie des peuples. Attendu que la politique doit se concevoir sous l'angle de la gestion responsable des biens d'un État, en vue de créer un cadre idéal à l'épanouissement des populations.

Pensons à la souffrance de nos parents, aux efforts de nos populations, à l'avenir de nos enfants. Ne vendons pas l'avenir de ce pays. Rien n'a encore été fait, parce que beaucoup reste à faire.

Du FPI au RHDP en passant par le GPS et le PDCI, chaque parti doit penser aux intérêts de la nation, ce pays qui nous unit tous sans exception.

Le monde entier nous regarde, l'Histoire nous regarde, nos peuples nous regardent.

Ces griots de la haine qui polluent l'air de la paix sur les réseaux sociaux, je vous en conjure, muselez ce monstre de la guerre qui vous anime, la Côte d'Ivoire est fatiguée, elle ne demande qu'à vivre.

Serions-nous ces enfants qui font toujours pleurer leur mère par leurs sales comportements ?

Ivoirien, la paix dépend de toi-même

Pour la paix durable, il faut une réconciliation sincère. Pour une réconciliation sincère, il faut désarmer les cœurs certes, mais il faut surtout désarmer les civils par tous les moyens.

Quand le cœur s'arme de haine, il arme le bras de toute arme (kalashnikov, machette...).

On ne peut pas vouloir la paix en tant que dirigeant et permettre que des civils aient des armes automatiques et sophistiquées. Désarmez les civils !

On ne peut pas vouloir la réconciliation et tenir un langage qui nourrit la haine. Désarmez les cœurs !

On ne peut pas être peuple conscient et penser que la paix doit venir des dirigeants. Arrêtez de fléchir dans la bêtise !

On ne peut pas vouloir le bonheur de son peuple et accepter que les partis politiques fonctionnent sur coloration ethnique :

PDCI (Baoulé, Akan)

FPI (Bété, krou...)

RDR (Malinké, sénoufo, gour...)

Et j'en passe.

Aussi longtemps que les Ivoiriens joueront le jeu de cache-cache avec la réconciliation et la paix, la Côte d'ivoire peinera à se développer.

On ne peut pas vouloir la paix et poser des actes qui encouragent la guerre.

La technologie n'a pas de race

Le destin des Nègres est coincé dans un cachot dont les clés sont détenues par les Africains eux-mêmes.

Pour se jeter résolument dans le paquebot du progrès, on ne saute pas les étapes. Les Français, Britanniques, Américains et Asiatiques n'ont pas le monopole de la technocratie ou de la science. La technologie ou la technique est inhérente à tous les peuples : elle est une réalité universelle. Seulement, Sans les idées, il n'y a pas de progrès car ce sont les idées qui gouvernent le monde, qui rendent à même de dompter la nature.

Et pour que les idées foisonnent, il faut encourager le mérite comme le disait le professeur émérite Samba Diakité. C'est au prix de la promotion de l'excellence vraie que l'Europe, l'Asie et l'Amérique du Nord semblent être déjà au sommet de la gloire.

Par ailleurs, ce n'est pas que l'Afrique ne travaille pas, mais elle travaille mal. Ce n'est pas que l'Afrique doit éviter de copier mais elle doit éviter de mal copier.

Sinon, à l'heure actuelle, nous vivons les mêmes réalités que le passé, sur le plan mental. Alors, l'Afrique progresse ou régresse-t-elle ? ELLE RÉGRESSE !

Mais, rien ne doit étonner !

Si nous avons des dirigeants qui assassinent les cerveaux, étouffent les talents, encouragent la médiocrité, sèment la guerre dans l'intention de gouverner, et consorts.

Pauvre Afrique !

Entre être et avoir, aucune différence !

En Afrique noire, quand vous n'avez rien, vous n'êtes rien. L'être et l'avoir se confondent au point que le degré de dignité se mesure à l'aune de la richesse.

Dans cette partie du monde, pour qu'on dise de vous que vous êtes homme, il vous faut impérativement être riche ou faire partie d'une famille riche.

Dans ce climat, tout le monde court après l'argent. On ne va plus à l'école pour connaître, mais pour avoir des diplômes ; peu importe le niveau. L'essentiel étant de faire non pas un travail qu'on aime ou qu'on maîtrise, mais un travail qui rapporte beaucoup d'argent. Les talents sont méprisés, les incompétences encouragées pour une Afrique sans valeur ni qualité et favorable à la corruption. À cette allure, tout le monde veut racketter, tout le monde veut corrompre. Des prêtres ne sont pas forcément des prêtres, les Imams ne sont pas forcément des Imams : chacun se méfie de chacun, trop de vendeur d'illusion puisque certains se servent du nom de Dieu pour voler. Les filles qui n'ont pas de boulot se voient obligées de vendre leur corps pour le matériel. C'est seulement dans cette partie du monde qu'un IPhone coûte cher que la virginité ou l'intimité de certaines femmes. Les garçons chômeurs s'adonnent au banditisme ; on n'y fait plus de la politique à visage humain, on fait du fanatisme en confondant vérité et mensonge : les dirigeants pillent leurs peuples et les peuples s'entredéchirent tour à tour parce que chacun veut être au-dessus. Et finalement, de conflit en conflit, tout le monde se retrouve dans le caniveau au bonheur des Toubabs, loin du gâteau, et l'avenir des descendants devient incertain.

L'Afrique noire est vraiment mal partie…

Pendant que certains luttent pour débarrasser L'Afrique des griffes occidentales, d'autres se tuent pour que L'Afrique dépende éternellement de l'Occident. Et dans cette histoire, le peuple continue de mourir…

Iba Montana, entre allégorie d'une jeunesse en lambeau et révolutionnaire au marteau

Iba Montana est un fou et non un malade mental. Un fou, parce qu'il voit au-delà des sensés, est toujours incompris. On le logera ainsi dans la grande compilation des artistes ''maudits'', à l'instar de Baudelaire, de Verlaine, de Rimbaud et bien d'autres. Le monde a horreur de ceux qui savent ce qui se passent et qui éprouvent le besoin de l'avouer, de façon brutale. Iba Montana est un « nihiliste », un vrai. Il sait que ce monde n'est pas ce qu'il devrait être et ne sera peut-être jamais ce qu'il doit être. Faut-il alors espérer d'un tel monde où les valeurs les plus élémentaires sont en déliquescence ? Iba Montana répond par la négative. Et comme cet artiste ne va pas dans le même sens que la masse – dans un élan de grégarisme ou de normopathologie par ailleurs – alors on l'isole, on l'arrête, on le traite d'intrus. C'est donc un Meursault, un Bardamus, un Souvarine qu'il faut ''neutraliser''. Allez lire ''Journal d'un hacker'' pour mieux comprendre que les gens se révoltent aujourd'hui parce que depuis leur tendre enfance, on leur a fait croire qu'ils sont dans le meilleur des mondes et qu'ils ne souffriraient pas à l'âge adulte. Le désenchantement est si brutal et si implacable qu'il est impossible de rester indifférent.

Que les politiques assument donc les conséquences des actes qu'ils posent depuis les années 60, et même avant.

Le mot

À chaque période son vocabulaire. Si le temps se matérialise à travers l'espace, il se manifeste aussi par le truchement des mots. Les mots sont des poches de témoignages d'une époque donnée, ce sont des ''griots muets''. Ils traduisent la conduite, l'état d'âme des humains à un moment donné.

Ainsi, en fonction de chaque époque le mot prend un sens particulier. Depuis décembre 2019 jusqu'à ce jour, l'humanité tout entière prononce quotidiennement ces mots ou expressions :

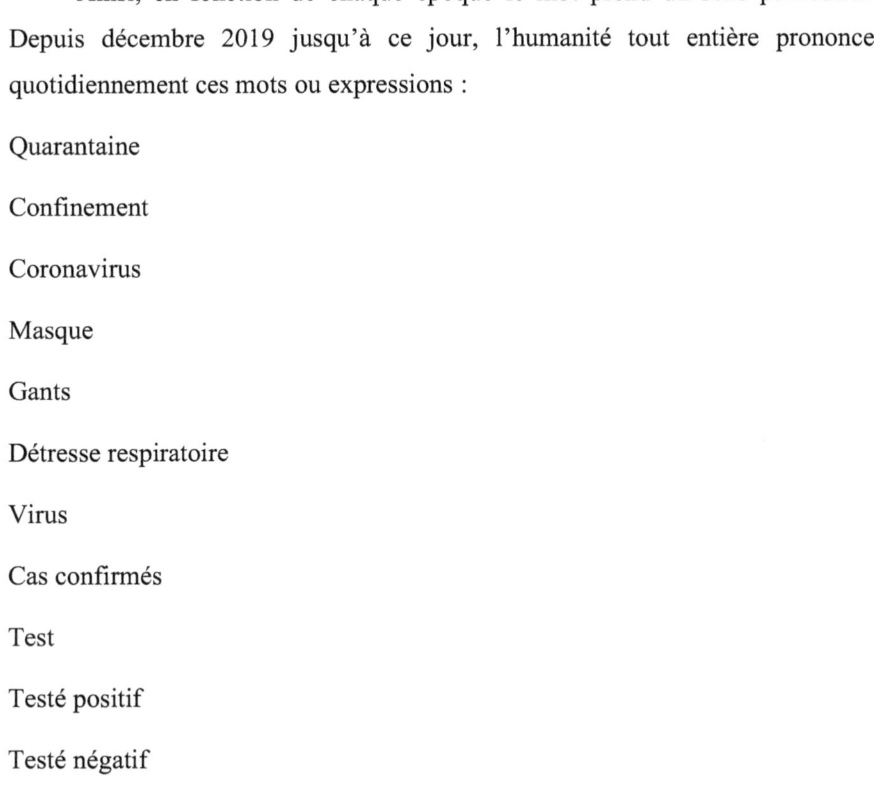

Quarantaine

Confinement

Coronavirus

Masque

Gants

Détresse respiratoire

Virus

Cas confirmés

Test

Testé positif

Testé négatif

Auto confinement

Et ces mots renvoient à une réalité précise par rapport à un évènement historique.

C'est pourquoi la Philologie, la lexicologie, la grammaire, la linguistique, la stylistique ne sont pas des disciplines à négliger. Elles nous permettent d'identifier clairement l'orientation que les hommes donnent à l'humanité, les évènements qui marquent la vie de chaque période mais également de cerner les intentions des hommes.

On réussit pour soi ou pour les autres ?

Dès lors que vous êtes humain et qu'une famille compte sur vous pour être épanouie, quel que soit votre rang social, vous êtes condamné à réussir.

Vos enfants ne croiront pas exclusivement en ce que vous leur dites, mais ils ne vous prendront pour modèle que lorsqu'ils constateront concrètement ce que vous avez lutté et réalisé des choses utiles à la génération postérieure.

L'estime des autres envers soi se mesure à l'aune de ce que l'on vaut en terme de capacité à s'adapter, à affronter les aléas de la vie et à réussir.

Réussir, ce n'est pas se suffire ! C'est faire en sorte que l'entourage ressente votre nécessité. Le courage est une chance. La réussite émane du courage et la prière sans le travail est inefficace.

Dieu appuie les courageux, Dieu attend le courage des paresseux pour réagir à leurs doléances.

La Côte d'Ivoire face à elle-même

Pendant bien longtemps, les peuples de côte d'Ivoire ont lutté de façon solidaire et fraternelle pour d'abord se soustraire de l'esclavage, ensuite s'affranchir de la colonisation et enfin accéder à l'indépendance. Cela signifie que nos ancêtres ou nos ascendants ont bien pensé à nous. C'est en notre faveur qu'ils ont tant lutté. L'héritage qui nous a été transmis ne n'appartient pas à nous seuls. Allions-nous hériter de quelque chose si nos ancêtres se conduisaient comme nous le faisons maintenant ? Je réponds par la négative.

De toutes les façons, nous n'avons pas le droit de gaspiller, que dis-je ?, de foutre en l'air cet héritage si précieux. Mais, nous avons le devoir de le transmettre aux futures générations.

Ma foi, notre conduite actuelle fait honte. La côte d'Ivoire ne mérite pas d'être torturée ainsi en raison des intérêts singuliers (personnels). Regardons un peu autour de nous ! Tous les pays qui étaient au même niveau d'évolution que nous dans les années 1970 sont aujourd'hui des pays ultra-industrialisés. Ce n'est pas l'exemple de la Chine ou des Corée qui va démentir ce que nous avançons.

Nous avons perdu et nous perdons encore tout notre temps à nous quereller pour des faits futiles qui ne nous apporteront rien. Depuis 1990, ce pays ne se retrouve plus. Il ne fait que perdre de vitesse. Tout va de mal en pis.

Nos enfants deviennent de plus en plus délinquants, nos jeunes sont au chômage, nos universités fonctionnent difficilement, nos écoles n'existent que de nom. Nos dirigeants ne dirigent plus mais ne font que se bagarrer, nos populations ne sont plus unies. Elles perdent leur temps à tenir des langages de violence…

Pensez-vous que les autres viendront mettre fin à nos conflits internes ? JAMAIS ! Bien au contraire, cela les arrange. Ils pillent notre pays pendant que nous nous entretuons.

Pensons à nos enfants. Pensons à nos parents.

Pensons à la côte d'Ivoire.

Notre devoir est de faire avancer la Côte d'Ivoire.

Faisons en sorte que nos jeunes et nos enfants soient dans des conditions paradisiaques. N'avons-nous pas honte, quand nos enfants vont se faire tuer en mer, en Libye, parce qu'ils en ont marre de nos bêtises si barbares ?

Jusqu'à quand allons-nous comprendre ?

Réfléchissons un peu.

Je vous en conjure, luttons dans le sens de la réconciliation nationale.

Oublions nos ethnies, pensons ivoirien. C'est le sang ivoirien qui coule dans nos veines.

J'ai dit.

L'utile et l'accessoire

En ce monde où ''l'on plaît plus par les défauts que par les qualités'' (La Rochefoucauld), les plus honnêtes sont ceux qui souffrent le plus et qui meurent dans l'indifférence totale.

Réfléchissez et inventez des choses pour aider votre peuple, on vous combattra. Exposez vos nudités, volez et on vous récompensera. On préfère donner des millions aux prostituées de luxe et laisser mourir nos pauvres paysans aux fins fonds des champs de cacao et de café.

On préfère offrir voiture, millions, villa et billet d'avion à une fille juste pour sa beauté physique (d'aucuns parlent de miss) ; et dans le même temps, on se moque de l'école qui se meurt.

Ce monde est autophage, il se mange lui-même. Alors, si vous refusez de vous manger, vous-mêmes, ce monde se chargera de le faire... Mieux vaut se manger et être à l'aise que de ranger ses dents et mourir comme un chien enragé.

Destin !

C'est parce que la roue tourne éternellement que chacun a son tour. Personne, pas même le devin, ne sait ce que demain réserve à chacun de nous. C'est pourquoi, nous devrons toujours cultiver l'humilité.

L'argent n'est rien sans l'homme. Mais l'homme est utile sans l'argent. On peut être très riche financièrement. Mais quand on tombe malade, notre argent ne peut aller tout seul acheter des médicaments à la pharmacie. On a toujours besoin de l'autre. Saint-Exupéry tout comme Seydou Kouyaté Badian nous l'ont toujours signifié. Vivre sans l'autre, c'est préparer un futur où notre cadavre sera sans tombe.

C'est à travers ces mots que je vous souhaite une très bonne journée.

Chômage et rébellion

Une jeunesse sous-formée, malformée et livrée aux griffes du chômage retourne toujours et très violemment contre la société qui lui a donné naissance. La santé d'un État dépend de la qualité et des conditions de vie de sa jeunesse. Quand la jeunesse est livrée à elle-même, quand la jeunesse est en désespoir de cause, quand la jeunesse ne sait pas où donner la tête, il faut s'attendre toujours à des crises…

Imaginons la réaction d' un jeune homme brillant, intelligent et compétent, titulaire d'un Master ou d'un Doctorat qui se voit obligé de porter des ''lêkê'' et des haillons à longueur de jour ; qui essuie au quotidien les injures puantes d'une société qui se moque de ceux qu'elle forme…

Un homme qui travaille matin, midi et soir n'a pas le temps pour les commérages, le vagabondage, le vol, le viol, les marches… Il faut agir ou réagir… Il n'y pas d'alternative…

Cette jeunesse-là, si rien n'est fait, dans quelques années, elle retournera contre sa génitrice (la société qui l'a faite) !

Je t'aime ?

« je t'aime » ne se dit qu'en temps de bonheur. En temps de malheur, généralement, on est seul. Seuls les hommes de Dieu nous viennent en aide et ils ne sont pas nombreux.

Les seules personnes qui vous acceptent malgré ou selon ce que vous êtes sont papa et maman ; et parfois frères et sœurs de sang. Sinon…

Soyez justes concentrés de l'intérieur afin que les trahisons extérieures ne vous affectent pas. Tant qu'on n'est pas découragé de l'intérieur, les comportements extérieurs ne peuvent nous influencer.

Les amitiés d'aujourd'hui sont beaucoup éphémères, parce que nous sommes dans un monde où l'argent est roi ; où les rapports sont cousus par l'argent.

Comptez sur vous-mêmes, soyez reconnaissants envers ceux qui vous aident.

De la lutte contre le terrorisme…

Pour efficacement lutter contre le terrorisme, il faut très efficacement lutter contre la pauvreté. La pauvreté n'offre pas plus de possibilités, elle animalise l'être humain. Quand on a faim, on n'est pas libre, quand on n'est pas libre, on est dépendant et quand on est dépendant, on devient facilement exécutant.

Il faut aussi lutter contre les inégalités sociales, culturelles… Il faut respecter l'autre dans sa différence, car la différence enrichit la complémentarité.

La frustration, la chosification de l'autre, la sous-estimation, le racisme, l'animalisation de l'autre : voici autant d'éléments qui doivent être minimisés si l'on aspire à un monde de paix, de justice et d'équité.

Dans un pays, il faut s'occuper équitablement de toutes les zones. Il ne faut pas favoriser une région au détriment d'une autre. La paix commence par le respect de l'autre, par l'équité dans le traitement des peuples, par l'éducation vraie et l'esprit de solidarité.

Sinon, aucun humain ne naît violent ou méchant. Nous voulons tous vivre dans un monde paisible.

Nous prions pour la paix, pour la stabilité, pour le progrès dans nos pays.

Que Dieu touche le cœur de chacun d'entre nous, afin que les esprits belliqueux s'en aillent.

Etudier et comprendre

Étudier consiste à comprendre les cours et à faire beaucoup d'exercices et non à apprendre ses leçons ''par cœur'' de façon automatique. Apprendre ''par cœur'', c'est demander à sa mémoire de garder l'information pour un temps. Comprendre un cours, c'est demander à sa mémoire de garder l'information presque pour toujours. Et André Gide dira dans *Les nourritures terrestres* : « comprendre, c'est se sentir capable de faire. » Et quand on est capable de le faire, on n'oublie plus.

Ecrire

Écrire, c'est suggérer ce qui doit être à partir de ce qui est. Ce qui est n'est pas forcément ce qui doit être, ce qui doit être n'est pas forcément ce qui est. Entre les deux, l'écrivain fait des va-et-vient pour le bonheur de tous. Plus qu'un simple humain, l'écrivain est un visionnaire, un prophète, un clairvoyant, un être qui fait le bonheur de l'humanité entière.

Lumière

Entre l'obscurité de la naissance et l'obscurité de la mort, il y'a de la lumière. Cette lumière est le symbole de la vie. Pour que dure la vie, il faut attiser la flamme de la lumière, par le travail. Mais, le travail exige de l'homme des efforts. Et, les forces de la nature limitent nos efforts. Repousser donc les limites imposées par la nature, c'est emprunter les chemins de la perfection. Tous les peuples, toutes les races qui forment l'hétérogénéité de la nature ne vivent pas dans les mêmes conditions, encore moins selon les mêmes normes culturelles. Mais, chaque peuple se sert de son intelligence pour transformer les dons de la nature. L'intelligence devient le moteur de la volonté. Quand la volonté est adossée à l'intelligence, le courage appelle la chance pour donner au monde une coloration paradisiaque. Ainsi, tout espace est marqué par les traces de l'homme. Et à chaque étape de la vie correspond une époque. Chaque époque a ses réalités socio-temporelles. C'est par les actes de l'homme que l'on reconnaît les traces du temps. Et les traces du temps permettent de cerner l'évolution de l'espèce humaine et la direction qu'emprunte chaque peuple pour s'inscrire dans le sillage de l'idéal auquel aspire tous les peuples : la liberté.

Amitié commune

Un groupe ne dure longtemps que lorsque les piliers qui soutiennent l'édifice commun sont traités de la même façon. Mieux, pour que vive une amitié collective, il faut que tout le monde bénéficie du même degré de respect, de considération, d'amour, d'assistance. Le groupe se meurt quand on privilégie certains à d'autres ; lorsqu'on trouve l'un plus chic et l'autre plus bête ; quand on fréquente mieux les uns et on ignore les autres. Chaque humain, ne l'oublions jamais, a une dignité qu'il défend. Quand sa dignité est menacée, il se barre.

Nul ne pourra faire le malin sur l'autre car chaque être humain s'adapte à chaque situation avec le temps.

De la pitié

Dans la vie, il ne faut jamais faire pitié. Certaines personnes profiteront de votre triste situation soit pour vous manipuler, soit pour vous exploiter.

Il ne faut pas expliquer ses problèmes à tout le monde. La curiosité pousse les gens à vous entendre sans vous écouter, sans vous comprendre ; Pire, sans vous aider. Ils seront les premiers à vous juger au lieu de vous comprendre et vous aider à trouver une solution.

Chacun est seul dans cette vie !

Beauté masculine…

J'ai toujours cru fermement que la beauté physique d'un garçon est un instrument qui pèse moins, aux yeux des femmes vraies et sérieuses qui entendent construire une vie fondée sur des valeurs humaines intrinsèques. Ma beauté, c'est mon courage, mon travail et la manière dont je fais usage de mon intellect pour résoudre les difficultés qui s'érigent sur le chemin de ma vie. Si une femme vous aime uniquement pour votre beauté physique, l'amour s'arrêtera le jour où elle verra un autre encore plus beau que vous. Comprenons la vie autrement.

Entre toi et toi-même

Jusqu'à la fin de ta vie, aucune personne ne te connaîtra mieux que toi-même. Toi seul sais ce que tu es, ce que tu as, ce que tu as fait et ce que tu fais.

Entre toi et toi-même, il n'y a que ta Conscience qui t'observe.

Bonne journée !

Développement d'un sous-développé…

Quand un pays est en retard ou « sous-développé », il ne doit pas démarrer son développement seulement par l'infrastructure ou le matériel. Il doit d'abord s'atteler à bien former ses citoyens car le développement est d'abord et avant tout une question de mentalité. Tout part de la mentalité, il faut initier le peuple au développement, il faut éduquer le peuple, il faut le conditionner à travers l'éducation de sorte qu'il devienne le type de citoyen qu'on souhaite pour l'objectif qu'on vise.

Visiblement, on a affaire à des gens qui cherchent du travail non pas pour contribuer forcément au développement de leur pays mais pour s'enrichir. Ce qui veut dire qu'en majorité, des citoyens pensent à eux-mêmes avant de penser à leur pays ; leurs intérêts priment sur ceux de leur pays. Résultats : la corruption gagne en proportion.

Les pleurs d'un sage…

Fermons nos jambes, ouvrons nos esprits !

Qui n'aime pas n'accepte pas de recevoir du sujet aimant, car recevoir rime avec concevoir.

Recevoir, c'est donner et donc tout don suppose abandon (de quelque chose)

Pourquoi demander quand on hait… ?

Qui demande se subordonne et qui donne ordonne, ne l'oublions pas !

L'amour est bizarre, la vie a ses propres règles.

Quand l'homme donne l'argent, il ne demande pas votre cœur mais votre sexe !

Quand l'homme donne l'amour, il ne demande pas seulement votre sexe mais d'abord votre cœur !

Chaque vie marche avec l'avis de l'imaginaire humain !

Il n'y a pas de réaction sans action.

Quand meurent la culture et la tradition, meurt aussi la vertu !

Les années se succèdent, il faut marcher avec le temps pour ne pas accuser de retard !

Grandissons !

L'image de la femme est tombée si bas, si bas hélas !

Travaillez par vous-mêmes, ne comptez pas sur votre sexe !

Votre sexe n'a de valeur que par votre corps physique.

Hélas, le corps physique vieillit, se dégrade avec le temps.

Ô temps, Ô vieillesse, Ô la vie :

Quel songe, quelle illusion !

Fermons nos jambes, ouvrons nos esprits.

Le poète ne l'a-t-il pas dit ? ''Le temps mange la vie''.

Écoutons les conseils de Dieu,

Écoutons la voix du temps !

La voix du temps est une voie,

La voix de l'apparence un labyrinthe…

Ô douleur, implacable destin !

Du bonheur…

Le bonheur se nourrit d'espoir qui consiste sans cesse à croire que chaque instant qui arrive serait nettement meilleur. Il n'y a de vie que celle que l'on projette dans le futur.

La tête de l'homme…

Un homme qui a la tête sur les épaules est difficilement manipulable. Un homme qui a la tête entre les cuisses est difficilement secourable.

Conseils aux apprenants…

À mes élèves, j'ai toujours dit qu'ils ne vont pas à l'école pour leurs parents, ni pour leurs professeurs encore moins pour leurs connaissances. Ils y vont pour eux-mêmes. On ne réussit pas pour faire plaisir à une personne autre que soi-même. C'est pour la satisfaction et l'épanouissement personnels que chacun bataille. Je leur dis toujours que ce sont des sacrifices que les parents font en les envoyant à l'école, car quand ils réussiront – leurs parents ne seront peut-être plus là ; ou même s'ils sont là, ils n'en bénéficieront pas longtemps. Travaillez pour ne pas envier les autres demain, la vie ne fait pas de cadeau aux paresseux. Le départ compte moins, l'arrivée compte plus. Je leur dis qu'ils ne sont pas en concurrence avec qui que ce soit mais avec eux-mêmes ; qu'ils ne doivent pas apprendre dans la tricherie et dans la facilité car le monde d'aujourd'hui est beaucoup exigeant et les moins forts et les moins compétents seront à la traîne. Qu'ils sachent qu'en réalité, aucun d'entre eux n'est moins intelligent et qu'ils sont tous brillants, chacun d'entre eux doit donner le meilleur de lui-même selon ses possibilités afin de faire jaillir toutes les potentialités qui sommeillent.

Je leur dis qu'ils doivent être o »jour' positifs ; qu'ils ne doivent jamais abandonner quelles que soient les circonstances. Je leur ai dit…

Chemin humain…

Dans ce vaste monde, chaque humain a son chemin. Même s'il est vrai que nous sommes tous des êtres programmés à mourir, nous avons des choses à réaliser avant de partir. En fonction de ce qui se trouve sur le chemin de chacun, les actes et les moments de départ et d'arrivée diffèrent d'un individu à un autre.

Il n'est pas possible de sauter les étapes.

Braves enseignants !

Ceux qui forment n'ont aucun répit. Ils réfléchissent à chaque instant de leur existence !

La Côte d'Ivoire n'ira nulle part, tant qu'elle continuera à vilipender, à humilier, à se foutre, à appauvrir ceux qui forment les citoyens ivoiriens.

Le développement socioéconomique dépend d'abord et avant tout du développement et de la qualité du capital humain. Quand le capital humain n'est pas de qualité, on assiste à la production d'antivaleurs par des citoyens incompétents, corrompus et insouciants.

L'argent ne donne pas tout !

Il faut tout faire pour ne pas perdre ce que l'argent ne permet pas d'avoir. Les vrais amis ne s'achètent pas ; et quand ceux qui sont sincères dans les relations humaines (amicales) constatent que vous privilégiez l'argent à l'homme, quand ils constatent que vous êtes opportunistes, cupides, calculateurs ; quand ils constatent que vous voulez toujours qu'on vous rende le bien que vous faites aux autres, ils s'en iront. La cupidité excessive crée forcément un isolement social.

Il est vrai que votre argent fera en sorte qu'il y ait toujours des personnes autour de vous ; mais ces personnes-là ne seront là que pour votre argent. Cela veut dire que lorsque vous aurez des problèmes ou quand vous n'aurez plus rien, ils s'en iront.

Aimez les gens tels qu'ils sont ; ne choisissez pas vos amis en fonction de leur statut social car l'argent ne fait pas tout. Et il n'est pas écrit sur le front de quelqu'un qu'il va mourir pauvre ; tout est possible dans la vie. Nous sommes dans un monde où tout est possible, à tout moment.

Que Dieu nous assiste dans la marche vers l'accomplissement de nos destins.

Que ce dimanche soit un dimanche de pardon, d'amour et de fraternité vraie.

Des écrits…

On écrit pour régler des problèmes de société. On n'écrit pas pour bavarder mais pour proposer. Si les décideurs ne lisent pas ; si ceux qui dirigent n'écoutent que ceux qui ne savent rien – la société continuera à toujours tourner en rond parce qu'elle n'a pas de boussole. Et si elle tourne en rond parce que ceux qui savent sont négligés, la distraction et ses avatars seront privilégiés.

Il faut se garder d'humilier un savant ; il faut se garder de clochardiser un ingénieur en intelligence humaine ; il faut éviter de rendre misérable celui qui forme les citoyens. Sinon, le développement tant souhaité ne sera qu'un leurre.

Recherche universitaire et marché économique

Le Marché économique de l'emploi ne doit pas déterminer la recherche universitaire. Or, c'est ce que des gens ont tendance à faire croire en Côte d'Ivoire. Résultats : tout est devenu une question d'argent, au mépris même des valeurs fondamentales de tout développement. Le développement d'un pays n'est pas seulement d'ordre économique, il dépend surtout de la qualité du capital humain.

Aujourd'hui, et c'est mon avis, la Côte d'Ivoire a plus besoin de sociologues, d'anthropologues, de géographes...au même titre que des mathématiciens, des astrophysiciens, des ingénieurs et génies industriels...

Ne soumettez pas nos universités aux caprices suffocantes des entreprises qui elles se moquent délibérément de la construction de notre pays mais qui ne pensent qu'à leurs intérêts immédiats.

Le rôle des universités consiste à offrir à la Côte d'Ivoire des citoyens accomplis, aptes à parer à toutes éventualités ; qu'elles soient d'ordre sociologique, philosophique, historique...

La recherche scientifique ivoirienne, l'enseignement supérieur ivoirien est en crise certainement parce qu'on veut tout politiser. Ce pays est encore très jeune en termes de développement pour dire qu'il n'a vraiment pas besoin d'enseignants-chercheurs. 7 ou 8 universités pour un si grand pays, c'est honteux. Mon souhait le plus ardent est de voir des universités dans toutes les grandes régions du pays et que toutes les universités soient pourvues d'enseignants dans tous les domaines ; pour offrir aux impétrants des formations de qualité.

On balance plusieurs bacheliers dans les grandes écoles, alors que des titulaires de doctorat traînent... C'est tellement paradoxal !

On doit recruter tous ces docteurs, ce qui permettra d'orienter le maximum de bacheliers dans les universités…

Je ne fais pas de débat avec qui que ce soit, je donne juste mon avis.

Reconnaissance !

Une femme qui n'était pas présente quand tu souffrais ne sera plus là quand ton argent finira. Ne quitte jamais une femme qui t'a soutenu quand tu étais dans une cabane pour une femme qui t'accepte parce que tu es dans un château. Une femme qui vient vers toi parce que tu es provisoirement à l'abri des problèmes ne sera pas là quand les problèmes vont resurgir. On ne se lie pas à une femme qui s'offre au plus offrant ; mais à celle qui aide à construire le bonheur ensemble. Évite ces femmes-objets, ces femmes sans vergogne, ces femmes sans boussole ; si tu veux vivre longtemps. On ne choisit pas une femme pour soi mais pour ses enfants. À chacun son choix !

Femme, il est préférable de choisir l'homme qu'il faut à tes enfants. Si tu te lies à un homme pour sa beauté, tu as pensé à toi-même. Si tu te lies à un homme pour son courage et son bon comportement, tu as pensé à tes enfants. Méfie-toi de l'homme qui t'appelle seulement quand il a besoin de tes services ; qui ne te présente jamais ni à ses amis, ni à certains membres de sa famille ; qui n'a jamais le temps. Un homme qui t'aime, peu importe ce qu'il fait, aura toujours le temps pour toi. Toujours. Avant de mettre des vidéos et photos bizarres sur WhatsApp ou Facebook, pense à DEMAIN ! Ces mêmes photos et vidéos pourront se retrouver dans les mains de tes enfants ! Tout étant possible…

Espoir !

C'est parce que nous avons l'impression d'être immortels que nous continuons à vivre, donc à marcher malgré nous, chaque jour, résolument, vers nos tombes. On naît couché, on s'assoit ensuite, puis on rampe, après on se tient debout, on marche par la suite, on se courbe plus tard, les jambes ne supportent plus, on se rassoit après, on se couche et on meurt enfin. On part à la mort comme on est venu à la vie.

Ô, Cruel Sort!

Implacable Destin!

La vie est un songe; la mort, une évidence.

Sans l'espoir et la résignation, ce monde serait vide depuis longtemps.

Mais, de toutes les façons, nous sommes tous des cadavres ambulants; chacun à la recherche de sa tombe.

Seul Dieu sait pourquoi...

Cette condition humaine là.

L’argent : quel phénomène !

L’argent est le seul instrument capable de transformer vos défauts en qualités :

- Vous êtes riche, vous mentez à longueur de journée, mais à cause de votre argent, tous ceux qui sont autour de vous trouvent que vous êtes si véridique !

- Vous êtes très mal habillé, mais les gens trouveront que vous êtes incomparable en terme ‘’sape’’ ;

-Vous êtes laid, mais on trouve que vous êtes le plus beau du monde ;

- Vous collectionnez femme sur femme, mais on ne vous trouve pas infidèle, on vous trouve inconstant ;

- vous épousez des milliers de femmes, celles-ci ne se feront jamais querelles, chacune étant venue s’enrichir en échange de sexe et d’enfants…

- En un mot, l’argent vous hisse au rang de dieu.

Mais, sachez que ce n’est pas vous qu’on respecte, c’est l’argent que vous possédez.

Le monde entier gravite autour de l’argent. Chacun voulant en avoir, tous s’agglutinent autour de celui qui l’a, momentanément.

Et le monde avance, sourd, muet, sans rien dire…

La meilleure façon de compter sur les autres, c’est de ne rien attendre d’eux. Savoir que la première personne qui doit penser à vous et sur qui vous devez compter est d’abord vous-même est le début de l’indépendance et du bonheur.

Si quelqu’un décide de vous venir en aide et qu’à défaut de créer des conditions de votre autonomie il vous rend dépendant de lui de façon viscérale, allez voir ailleurs. Sinon, vous allez passer toute votre vie à être esclave.

L'entraide conjugale…

Une femme ne doit pas tout attendre de son homme, un homme ne doit pas tout attendre de sa femme. Parce que l'amour rime avec entraide, synergie des forces, chaque main doit aider l'autre à se laver et vice-versa.

Une femme émancipée n'est pas celle qui mesure la force de ses muscles à celle de son homme. Une femme émancipée n'est pas celle qui gronde et humilie son mari à longueur de journée. Une femme émancipée n'est pas celle qui se promène avec de petits pompiers en l'absence de son mari. Mais une femme émancipée est celle qui se bat non seulement pour sa dignité, pour son autonomie financière, pour le bonheur de sa famille, ses enfants mais aussi et surtout pour la dignité de son homme.

Un mari capable n'est pas celui dont le sexe bande chaque nuit pour assommer sa femme de coups violents de reins. Un mari capable n'est pas celui qui trompe sa femme avec des gamines, un mari capable n'est pas celui qui bat sa femme ou l'humilie. Un mari capable c'est celui qui écoute, comprend, assiste, protège et prend soin de sa femme. Un mari capable, c'est celui qui associe pleinement sa femme dans les prises de décisions, qui lui confie des pouvoirs dans le cocon familial.

Être heureux n'est seulement avoir de l'argent, être heureux consiste à d'abord comprendre le fonctionnement de la vie sociale et de se contenter du peu en attendant. C'est aussi compter sur soi-même tout en acceptant l'aide des autres le cas échéant.

Fraternité vraie

La vraie fraternité se nourrit de sincérité. Quand la vérité doit nous séparer, nous ne sommes pas de vrais frères.

L'hypocrisie est un vilain défaut, elle crée un isolement social. Nous sommes condamnés à vivre ensemble, nous avons donc intérêt à accepter les critiques pour l'amélioration des liens qui nous unissent.

La vie, cette vie des hommes n'est pas parfaite et nul n'est parfait. Seulement, ceux qui sont mieux sont ceux qui acceptent les critiques et font l'effort de s'améliorer. Nous sommes tous des passagers, le véhicule de la vie que nous empruntons appartient à Dieu.

Comptez sur soi-même !

En toute chose, en toute circonstance, ne comptez que sur vous-mêmes ! Prenez-vous comme votre meilleur conseiller ! Chérissez vos rêves et objectifs, en implorant en plus de celle de Dieu la bénédiction de vos parents ! Faites des dons à ceux qui en ont besoin et non à ceux qui sont déjà repus ! Ne courez ni après les Imams, ni Après les Pasteurs ; mais courez après votre père et votre mère ! N'enviez personne et ne faites pas pitié, ça porte malheur. Soyez vous-mêmes ; améliorez-vous le cas échéant.

Rendre service aux morts…

Il est des fois où la mort fauche ceux qui vous coûtent chers, où la maladie terrasse ceux qui vous soutiennent ; vous privant ainsi de vos ailes. Mais la vie sans la mort ni la maladie n'est pas une vie de guerrier. Le guerrier, c'est celui qui a un mental d'acier, celui qui malgré les difficultés qui défient les limites de la mesure arrive à continuer le chemin pour espérer atteindre le pinacle d'une vie de Crésus. Pour rendre heureux ceux qui sont partis, il faut être en mesure de rendre heureux ceux qui comptaient sur ceux qui sont partis.

Surmonter les problèmes !

Il est impossible, dans le système de la vie, d'éviter les problèmes. Le plus important est de toujours trouver les stratégies pour s'en sortir. Nous sommes nombreux dans cette vie, mais chacun a son chemin. Et si tu n'es pas important sur le chemin d'une personne, cette personne t'oublie très vite. alors, vis ta vie en tenant compte de ceux qui pensent à toi; sois important dans la vie de ceux qui sont importants dans ta vie. Les autres? Fais comme s'ils n'ont jamais existé car c'est ce qu'ils font avec toi. Je ne dis pas d'être rancunier mais réaliste. La réciprocité ici est de taille, la nuance est exigeante.

Dieu a fait, Dieu fait et Dieu fera. On progresse individuellement, avec des adjuvants satellites. N'oublions jamais ceux qui nous font du bien, ils sont nos parents. Nous leur devons respect, considération et gratitude.

Attention !!!

Si un inconnu te met enceinte le 24 ou le 31 décembre, ta grossesse sera connue de tous avec un propriétaire dans une société où on aime parler de ce qui nous regarde moins. Tu te retrouveras seule si tu es issue d'une famille où la bêtise n'est pas admise ; tu seras le père et la mère d'un enfant innocent qui plus tard te demandera des comptes en réclamant son père qui ne voulait que jouir de plaisir sans permettre au fruit de son plaisir de jouir de la responsabilité de celui à qui il doit cette vie qu'il n'a pas demandé.

La responsabilité commence par la rigueur envers soi-même ; gage de tout épanouissement.

La vie humaine…

Il y a des gens qui n'allaient pas vouloir venir à la vie si on leur expliquait le destin qui leur est réservé.

Certaines vies sont trop dramatiques et tragiques. Entre souffrance et pitié, certaines vies ne savent pas où donner de la tête. Elles souffrent tellement, et souvent, elles finissent mal.

Comment expliquer cette vie, une vie où l'envie de mourir prime sur l'envie de vivre une vie sans vie ?

Que le Destin s'accomplisse dans la dignité, dans tous les cas.

Masturbateur intellectuel !

Un masturbateur intellectuel est un intellectuel faussaire, un intellec-tueur (selon le mot du professeur Samba DIAKITÉ) qui au lieu de procéder à une pénétration intellectuelle qui donnera naissance à la lumière salvatrice; préfère se masturber et gaspiller les spermatozoïdes idéels pour faire plaisir au plus offrant.

Le masturbateur intellectuel s'engage sans être engagé, parce qu'il s'engage pour sa poche et non pour la cause de ceux qui sont en désespoir de cause. Or, l'Intellect est un don de la Cause incausée cause des autres causes permettant de s'affranchir et d'affranchir l'autre.

Le masturbateur intellectuel ou l'intellectuel masturbateur - c'est selon l'angle de tir - est un danger; il est un danger parce qu'il est tout sauf un Intellectuel; il s'offre au plus offrant en offrant à ceux qui l'écoutent l'impression d'un homme droit, bon et digne de confiance. Leurre! Les jours pairs il est avec les jaunes et les jours impairs avec les rouges. Il voltige au gré du vent et accroche ses vêtements là où le soleil est favorables.

Dans un pays truffé de masturbateurs intellectuels, vérité et mensonge se confondent.

L'intellectuel masturbateur est un imposteur.

Avoir la tête sur les épaules…

Va gaspiller ta petite économie les 24 et 31 décembre ; puis reviens prendre un prêt chez x ou chez y.

Va distribuer des billets de banque en boîte de nuit pour faire plaisir aux filles ; puis reviens dormir dans la maison des gens en location.

Laisse ton avenir mourir dans une paire de fesses aujourd'hui ; puis va accuser Dieu demain.

Achète des vêtements chers aujourd'hui afin de mieux vivre au-dessus de tes moyens ; puis va porter des haillons demain pour le reste de ta vie.

Va danser dans les maquis pendant que tes semblables réfléchissent et travaillent pour améliorer leur futur.

Perds ton temps sur les femmes dans les hôtels pendant que les gens de ton âge sont en train d'investir partout pour fructifier leur argent.

La vie est un choix, et chaque choix a des conséquences précises et implacables.

Nous sommes le résultats de nos pensées, de nos paroles et de nos actes de tous les jours.

Réussir ne fait pas tout…

Ceux qui pensent que réussir met à l'abri de tous les problèmes se trompent.

Ceux qui pensent que l'argent peut tout faire se trompent.

Ceux qui s'éloignent de leurs amis parce qu'ils ont réussi comprendront que la réussite ne couvre pas la place des amis. Rien ne saurait remplacer l'homme quand il est bon et bien.

Ceux qui par leurs actes mettent les autres dans les problèmes et prennent la poudre d'escampette seront remerciés par un châtiment divin à la hauteur de leurs actes nocifs.

Ceux qui aident sans rien attendre seront heureux non pas forcément grâce aux aidés mais par d'autres personnes. Dieu rend toujours ce qu'on fait aux autres.

La vie, c'est un passage… Nous sommes venus ici pour passer, pour mourir ; nous ne sommes pas venus pour vivre…

Le temps…

Il est peut-être possible de vivre cette vie autrement. C'est bien de faire en sorte que le temps soit fait pour soi et non qu'on soit fait pour le temps. Le stress face aux charges qui nous imposent un rythme et une manière de vivre peut nous plonger dans les profondeurs de la dépression, de la mélancolie, du désespoir.

Dans tous les cas, vivre consiste à régler des problèmes et donc les problèmes ne finiront pas. On essaie de les régler progressivement sans passion ni pression. On le fait dans selon nos règles de l'art, selon notre rythme. Pour vivre heureux, on ne se met pas en concurrence avec l'autre, on ne défie que soi-même et on marque une pause là où l'énergie fait défaut.

Agissons selon nos possibilités et non selon les humeurs d'une société en déliquescence qui fait croire que paraître vaut mieux qu'être.

Femme…

La femme qui ne re-connait ni la valeur, ni les efforts de son homme vit généralement dans des conditions où tout homme qu'elle rencontre lui échappe rapidement.

La femme qui sait ce qu'elle veut n'est pas infidèle, car elle sait que l'infidélité est un vice qui ruine l'âme.

L'homme qui sait ce qu'il veut n'est pas un coureur de jupons, car il sait que sous chaque jupe il y a non seulement des dépenses inutiles, le gaspillage d'énergie et surtout une possibilité de maladie.

Dans nos relations de tous les jours, soyons utiles, apportons quelque chose de positif et surtout, reconnaissons les efforts des autres ; soient-ils minimes.

Quand on veut toujours tout, on distingue difficilement l'essentiel de l'accessoire.

La vie, la vraie vie, la vie réelle est une série de combats depuis le berceau jusqu'à la tombe.

Caleçon masculin…

Un homme qui a le caleçon léger aura une vie difficile, car la vie elle-même devient dure lorsqu'on s'accroche aux fesses qui sont molles.

Femme What'apps…

Sur qui comptez-vous pour éduquer vos enfants si vous décidez de vous marier à une fille qui perd tout son temps à faire des vidéos à moitié nue sur Tiktok, WhatsApp, Messenger, Instagram et autres ?

Savoir choisir sa femme, avoir une bonne femme, voici le tout premier souci d'un homme ambitieux !

Quand on veut devenir grand, on n'épouse pas une femme qui ne voit pas au-delà de l'amusement et du sexe !

Homme et société

Aucun humain ne naît corrompu. Aucun humain ne naît violent. Chaque humain ne devient que ce que la société qui lui a donné naissance veut ou souhaite. Le comportement de chaque individu dépend des objectifs que l'État ou la société hiérarchisée vise. Si la corruption est le vecteur directeur d'une société, cela veut dire que les décideurs de cette société sont ceux-là même qui entretiennent la corruption au nom de leurs intérêts immédiats et singuliers. Un pays sérieux, soucieux de son prestige et épris du progrès en vue de conquérir le monde ne s'hasardera pas à encourager la médiocrité, l'incompétence, l'irresponsabilité et que sais-je encore ?

Chaque population est à l'image du gouvernement de son pays, chaque gouvernement ne fait ce qu'il veut que lorsque le peuple qu'il gouverne est ignorant, indifférent à tout et épris de tout sauf ce qui est utile à son bonheur.

Environnement et richesse…

On peut naître en France et mourir pauvre comme naître en Somalie et mourir riche. Peu importe le lieu de naissance, seuls le courage et la détermination dans le travail bien fait vous permettront de retrouver la lampe d'Aladin. Nous sommes condamnés à travailler et à prendre soin de nous-mêmes parce que nous sommes déjà nés. Personne ne prendra soin de nous à notre place.

Les difficultés, on ne les fuit pas, on les affronte avec abnégation et prière. Sur qui compter ? Nous-mêmes ! Qu'attendre des autres ? Rien ! Celui qui doit penser à nous ? D'abord nous-mêmes !

Quand on est en vie, le repos consiste à changer d'activité.

En avant ! Ahead ! Nichts aufgeben !

Connaitre et transmettre

Tout le monde peut acquérir des connaissances, mais tout le monde ne peut pas transmettre le savoir. Enseigner, c'est donner à l'autre ce que seule la mort peut reprendre. La particularité seigneuriale de l'enseignant réside dans le fait que – travaillant sur l'instrument le plus fragile (l'esprit) – il fait de l'ignorant un sachant et permet à l'humanité de continuer à marcher résolument sur le chemin de la grandeur.

L'enseignant fait le président, il fait le ministre, il fait le soldat, il fait le magistrat, il fait le médecin, il fait l'ingénieur, il fait le chercheur et j'en passe. Il est au commencement et à la fin de tout ce qui touche à la formation de l'Humain.

Vilipendez l'enseignant et votre société s'écroulera ; priorisez l'enseignant et votre société évoluera.

À vous de choisir.

L'idée…

L'idée ne meurt plus quand elle naît. Mieux plus elle gagne en proportion, plus elle se transforme en idéologie puis en philosophie et enfin en religion.

Quand l'étincelle de la révolution prend forme, peu importe la résistance qu'on lui oppose, elle ne peut être éteinte. L'Afrique est sur le chemin de la vraie indépendance ; et les contestations que nous observons ça et là ne sont que les balbutiements.

L'usage du temps !

La vie ne devient facile que lorsqu'on utilise à bon escient chaque laps de temps que Dieu nous accorde. Tout humain a des soucis. Et ceux qui vivent heureux sont ceux qui savent s'organiser pour affronter progressivement les difficultés qui s'érigent sur leur chemin. Vivre, c'est apprendre à s'adapter à tout à n'importe lequel des moments.

L'aide…

N'en voulez à personne, ceux qui vous aident le font non pas parce qu'ils n'ont aucun souci mais parce qu'ils sont humanistes ; et surtout parce qu'ils préfèrent l'utile à l'agréable. Tout le monde veut s'amuser, tout le monde peut s'amuser. Faire la belle vie, c'est bien. Mais faire la belle vie au bon moment est encore mieux.

Conseils…

Chacun a sa vie, c'est vrai. Mais on ne perd rien à bénéficier gratuitement des conseils de ceux qui réussissent à s'en sortir ; on ne perd rien à les écouter et à faire comme eux, surtout qu'ils ne sont pas obligés de nous aider ou de nous mettre sur la voie. Parfois, les conseils sont plus bénéfiques que l'argent qu'on nous donne. Ne dit-on pas que donner du poisson à quelqu'un c'est bien, mais lui apprendre à pêcher est encore mieux ?

L'inaction n'est pas une option parce que la sagesse même s'acquiert dans l'action. Agissez, prenez de grands risques mais ne risquez pas l'impossible. Vous ferez des erreurs mais restez campés sur l'objectif principal. Relevez-vous quand vous trébuchez, soyez forts quand on se moque de vous, votre destin n'est pas détenu par un humain.

Ce qui n'est pas destiné à vous tuer vous évitera toujours, vos actes vous conduiront à ce que vous méritez au moment venu.

Que Dieu dissipe nos malaises, qu'il nous soutienne partout où besoin se fera sentir.

Soyons humains !

Que tous nos actes reflètent l'idéal humain, que nos propos permettent à l'humanité à aller de l'avant, que nos idées nous permettent d'être en paix avec notre conscience. De toutes les façons, n'arrive à l'homme que ce que Dieu permet. Et j'ai la ferme conviction qu'il n'existe pas de problème sans solution. Le seul problème qui demeure sans solution est la mort, mais tant que nous sommes en vie – l'espoir est permis. Hugo dira que seul l'espoir fait vivre. Osons, osons, osons !

Que Dieu nous assiste.

Eduquez son peuple !

Nous sommes dans un siècle si compétitif et exigeant qu'un peuple analphabète ou illettré est sur-exploité et sur la voie de la disparition.

Tout pays avec un système éducatif pauvre ou médiocre sera désormais à la traîne. Tout pays qui joue avec l'éducation de ses citoyens sera dans la misère au sens large, dans un futur proche.

Nous sommes dans un monde de concurrence, de compétition sans merci, d'intérêt et où le plus fort écrase le plus faible sans état d'âme.

La Russie est en train d'annexer l'Ukraine, l'Israël malmène les Palestiniens avec la bénédiction des Occidentaux, la Chine menace la Taïwan…

L'Afrique noire n'a plus droit à l'erreur, si elle ne veut pas vivre l'esclavage et la colonisation une seconde fois.

La communauté internationale ? L'ONU ? Compter sur ces institutions internationales est une erreur très fatale.

Le Paradoxe de l'Elysée !

La France veut l'indépendance de l'Ukraine vis-à-vis de la Russie ; alors qu'elle veut empêcher le Mali d'être indépendant vis-à-vis de la France !

La France condamne le Coup d'État au Mali, au Burkina et en Guinée ; mais elle soutient la caporalisation du Pouvoir par l'armée au Tchad !

La France veut une démocratie dans le monde, mais elle s'arrange pour maintenir des dictateurs à la tête des États où elle a ses intérêts !

La France veut être présente dans les pays africains ; mais elle s'arrange pour empêcher les Africains d'arriver chez elle !

La France pleure quand elle perd ses soldats ; mais elle refuse de reconnaître la dette de sang qu'elle doit à l'Afrique noire.

Il y a de la place pour nos matières premières qui vont en France ; mais il n'y a pas de place pour nos jeunes candidats à l'émigration : ils meurent en mer Méditerranée et aux larges des côtes de Lampedusa.

La France est éprise de liberté, d'égalité et de fraternité entre Français ; mais elle est également éprise d'esclavage, de l'inégalité et de guerres fratricides entre d'autres peuples comme ceux de l'Afrique.

Il n'existe pas de sentiments anti-français en Afrique ; mais il existe bel et bien une opposition radicale d'une majeure partie de la jeunesse africaine contre la politique française en Afrique. Une politique liberticide, humanicide, économicide, socialicide…

Pauvreté et lutte

Attachez vos ceintures quand vous êtes issus d'une famille modeste ou pauvre. Attachez vos ceintures car le monde ne vous fera pas de cadeau. Vous serez persécutés, humiliés, indignés, exploités, mésestimés. Vous serez refusés, personne ne voudra vous donner sa fille en mariage. Mais vous devez résister, lutter pour vous faire une petite place sur la natte réservée aux plus grands.

Guerriers, la lutte continue !

Ruser avec le peuple, pas avec l'histoire !

On peut ruser avec le peuple pour un temps, mais on ne peut ruser avec l'Histoire. Un peuple qui n'est pas panurgien est difficilement manipulable. Seul un peuple distrait, passif et insouciant reste muet quand ses intérêts sont menacés.

Un peuple qui ne sait pas reconnaître l'ennemi est un peuple qui est appelé à disparaître tôt ou tard.

Pour passer d'une époque ancienne à une époque dite nouvelle, il y a un prix à payer. L'Afrique de l'Ouest est en train de payer le prix.

Pourquoi est-il si difficile de déboulonner un dictateur indésirable en Afrique ?

Certains dirigeants négro-africains ont compris que la meilleure façon de s'éterniser au pouvoir, c'est de lutter pour augmenter le taux de chômage, de pauvreté. Il faut affamer le peuple pour en faire une proie facile qui s'offre au plus offrant. À cette allure, quelques billets de banque suffisent pour acheter sa voix. Un affamé est toujours aveugle, car ses capacités réflexives sont étouffées par les douleurs de l'estomac qui réclame de la nourriture. C'est ainsi que certains peuples courent après des partis foutus qui font honte à L'Afrique tout entière.

Sinon, ce n'est pas au dirigeant de conditionner le peuple, c'est le peuple qui conditionne et oblige son dirigeant à travailler comme il l'a auparavant promis…

La démocratie n'est pas le pouvoir du peuple, par le peuple et pour le peuple. Non !

Une fois que le président est élu, il ne fait pas toujours ce que le peuple qui l'a élu demande. Il ne le fera que sous pression populaire. Et dans ce cas, la répression de l'appareil étatique n'est pas exclue !

En Afrique, la démocratie est la pire des dictatures.

Si la jeunesse avait du travail, si le peuple mangeait à sa fin, si le chômage était en voie de disparition, la politique africaine aurait un autre visage.

Dieu a donné gratuitement...

L'air, l'eau, la terre et le feu sont octroyés par la Nature. Pourtant, l'oxygène est vendu; pourtant l'eau coûte très chère et des gens meurent de soif; or la terre ne suffit plus, parce que les plus forts ont décidé d'un commun accord de se tailler la part du lion en confisquant des parcelles de terre appartenant aux plus faibles.

On ne naît pas mendiant, on le devient. La misère n'est pas naturelle mais culturelle, artificielle, créée par les uns pour exploiter et dominer les autres.

Mais cette vérité, on se doit de la taire car lorsqu'on s'inscrit dans le sillage de l'honnêteté, tous les menteurs se mobilisent pour nous corrompre, ou à défaut, pour nous ôter la vie. Et ce, pour que le mensonge continue à prendre des proportions importantes. En revanche, nous devons dire ce qui est vrai.

Mettons l'Homme au centre de nos actions et préoccupations. Quand on veut aider, on ne regarde pas seulement l'homme, on considère l'humanité.

yes

I **want** morebooks!

Buy your books fast and straightforward online - at one of world's fastest growing online book stores! Environmentally sound due to Print-on-Demand technologies.

Buy your books online at
www.morebooks.shop

Achetez vos livres en ligne, vite et bien, sur l'une des librairies en ligne les plus performantes au monde!
En protégeant nos ressources et notre environnement grâce à l'impression à la demande.

La librairie en ligne pour acheter plus vite
www.morebooks.shop

info@omniscriptum.com
www.omniscriptum.com

Printed by Books on Demand GmbH, Norderstedt / Germany